Lerner SPORTS ROOKIE en español

PASIÓN POR EL FÚTBOL

# LA HISTORIA DE LA COPA MUNDIAL

Emma Carlson-Berne

ediciones Lerner ◆ Mineàpolis

Dedicado a Abe

La última fecha de actualización de las estadísticas de este libro es el 6 de septiembre de 2024.


Título original: *The Story of the World Cup*

La traducción al español fue realizada por Zab Translation.



ediciones Lerner
Una división de Lerner Publishing Group, Inc.
241 First Avenue North
Mineápolis, MN 55401, EE. UU.

Si desea averiguar acerca de niveles de lectura y para obtener más información, favor consultar este título en www.lernerbooks.com.

Fuente del texto del cuerpo principal: Mikado.
Fuente proporcionada por HVD fonts.

**Library of Congress Cataloging-in-Publication Data**

Names: Berne, Emma Carlson, 1979–author
Title: La historia de la Copa Mundial / Emma Carlson-Berne.
Other titles: Story of the World Cup. Spanish. Spanish
Description: Mineápolis : ediciones Lerner, [2026] | Series: Pasión por el fútbol (Lerner sports rookie en español) | Includes bibliographical references and index. | Audience: Ages 5–8 | Audience: Grades K–1 | Summary: "The best soccer teams compete in the World Cup every four years. Readers discover the World Cup and some of the teams and players that make it great. Now in Spanish!"—Provided by publisher.
Identifiers: LCCN 2025020216 (print) | LCCN 2025020217 (ebook) | ISBN 9798765690376 library binding | ISBN 9798348028350 paperback | ISBN 9798765692684 epub
Subjects: LCSH: World Cup (Soccer)—Juvenile literature | Soccer teams—Juvenile literature | Soccer—History—Juvenile literature
Classification: LCC GV943.49 .B4718 2026 (print) | LCC GV943.49 (ebook) | DDC 796.334/668—dc23/eng/20250724

LC record available at https://lccn.loc.gov/2025020216
LC ebook record available at https://lccn.loc.gov/2025020217

Fabricado en los Estados Unidos de América
1-1012787-54908-5/27/2025

# Contenido

# ¡Gol!

Argentina se estaba enfrentando a Inglaterra en la Copa Mundial de 1986. ¡El jugador argentino Diego Maradona pateó y anotó! Su gol se hizo conocido como el Gol del Siglo.

ARG 1 ENG 0 09:13
JVC
Diego Maradona

La Copa Mundial es un torneo con equipos de muchos países. Los equipos de fútbol juegan en la Copa Mundial cada cuatro años.

Los jugadores de la Copa Mundial juegan para el equipo de su país. También pueden jugar para los equipos de los clubes.

## EL FÚTBOL POR DENTRO

Lionel Messi juega para el equipo del club Inter Miami CF y para el equipo nacional de Argentina.

La primera Copa Mundial masculina se jugó en el año 1930. La primera Copa Mundial femenina se jugó en el año 1991. La FIFA organiza las Copas Mundiales.

Copa Mundial femenina de 1991

En la primera Copa Mundial masculina, jugaron 13 equipos. Los partidos se jugaron en Uruguay. El equipo de Uruguay ganó el torneo.

Equipo masculino de Uruguay 2022

El equipo nacional masculino de Brasil fue el que ganó más Copas Mundiales. Ganaron cinco veces.

El equipo nacional femenino de Estados Unidos ganó cuatro. ¡Eso es más que cualquier otro equipo femenino!

## EL FÚTBOL POR DENTRO

Algunos países, como Canadá, México y Escocia, nunca ganaron una Copa Mundial.

Hay más personas que miran la Copa Mundial en televisión que cualquier otro evento deportivo. En el año 2022, ¡más de mil millones de personas miraron el partido final!

BRASIL
NEYMAR JR
10
BRASIL

A los aficionados les encanta la Copa Mundial. Las personas usan vestimentas con los colores de sus equipos. Corean cánticos especiales en honor del equipo de su país.

## EL FÚTBOL POR DENTRO

"¡Olé! ¡Olé! ¡Olé!" es un cántico popular en la Copa Mundial.

Después de la Copa Mundial, muchos países celebran. Tienen desfiles en honor a sus equipos. Millones de personas se juntan en las calles para ver a los jugadores.

WELTMEISTER, DAS SIND WIR ALLE!

Argentina ganó la Copa Mundial masculina en el año 2022. Unos cuatro millones de aficionados se juntaron para el desfile. El mundo celebra el fútbol durante la Copa Mundial.

AFA

## Glosario

**celebrar:** hacer algo especial por un gran evento

**FIFA:** un grupo que organiza el fútbol profesional en todo el mundo

**torneo:** una serie de partidos que se juegan para elegir un campeón

## Màs información

Krenn, Cara. *Los momentos más increíbles del fútbol.* Mineápolis: ediciones Lerner, 2026.

Leed, Percy. *Soccer: A First Look*. Mineápolis: Lerner Publications, 2023.

Simons, Lisa M. Bolt. *Curious About Soccer*. Mankato, MN: Amicus, 2024.

## Índice



## Créditos por las fotografías

Créditos de las imágenes: STAFF/Getty Images, p. 5; AP Photo/Richard Callis/SPP/Sipa USA, p. 7; AP Photo/Robert Michael/picture-alliance/dpa, p. 9; Bob Thomas/Getty Images, p. 11; AP Photo/The Yomiuri Shimbun, p. 13; AJ Johnson/ISI Photos/Getty Images, p. 15; AP Photo/Martin Mejia, p. 17; AP Photo/Robert Michael/picture-alliance/dpa, p. 19; AP Photo/Markus Gilliar/Pool, p. 21; Chris Brunskill/Fantasista/Getty Images, p. 23. Elementos de diseño: vid64/Getty Images; boytaro Thongbun/500px/Getty Images. Portada: AP Photo/Christophe Ena.